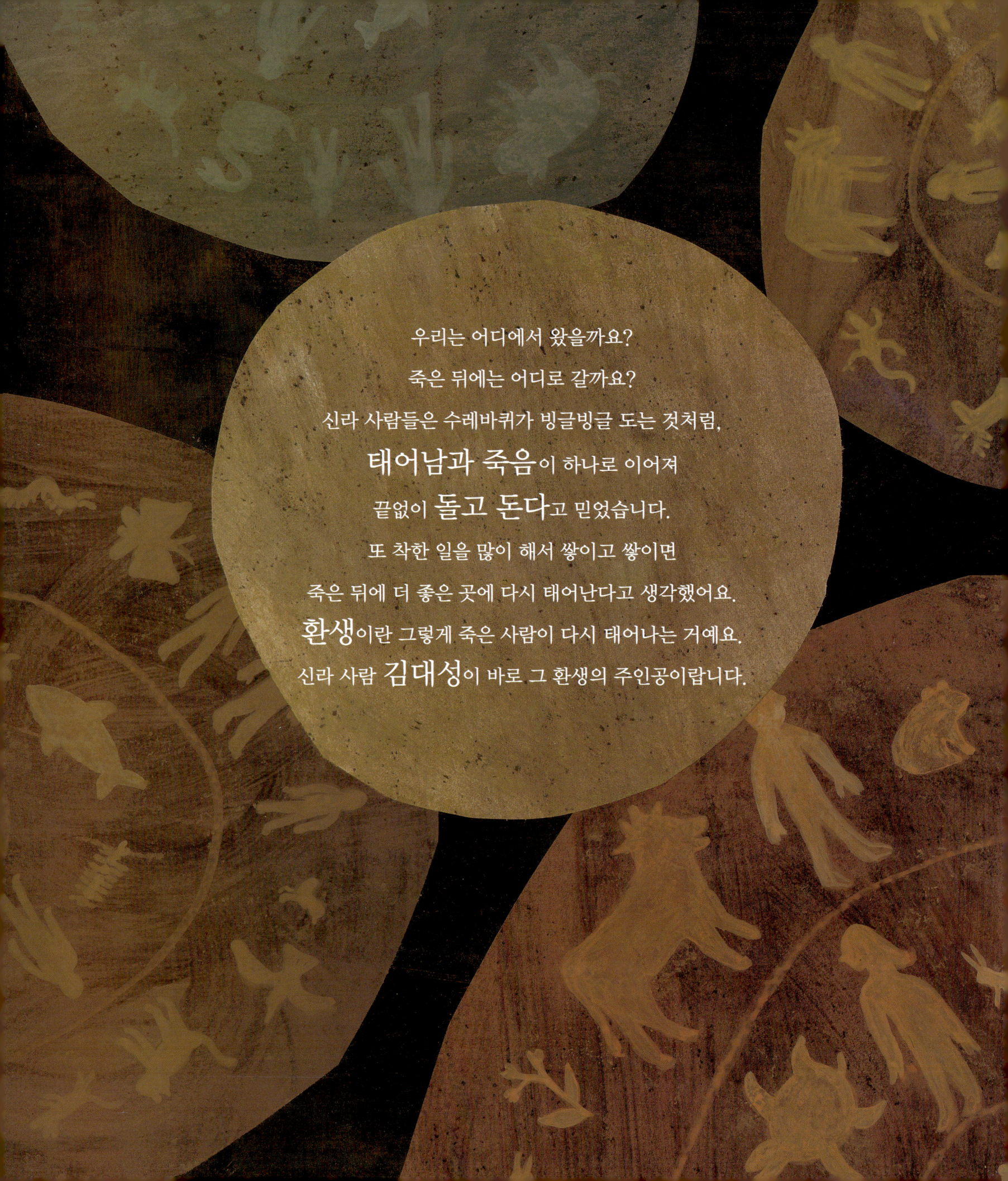

우리는 어디에서 왔을까요?
죽은 뒤에는 어디로 갈까요?
신라 사람들은 수레바퀴가 빙글빙글 도는 것처럼,
태어남과 죽음이 하나로 이어져
끝없이 **돌고 돈다**고 믿었습니다.
또 착한 일을 많이 해서 쌓이고 쌓이면
죽은 뒤에 더 좋은 곳에 다시 태어난다고 생각했어요.
환생이란 그렇게 죽은 사람이 다시 태어나는 거예요.
신라 사람 **김대성**이 바로 그 환생의 주인공이랍니다.

신라의 작은 마을 모량리에
남다른 머리 모양을 가진 아이가 있었습니다.
"여보게, 저기 좀 봐. 대성이가 일 마치고 돌아오네."
동네 사람들은 멀리서도 대성이를 알아보았습니다.
대성이의 머리는 유난히 큰 데다 정수리가 넓고 평평해
마치 큰 성곽을 닮았습니다.

대성이는 어머니와 단둘이 살고 있었습니다.
땅 한 뙈기 없는 가난한 살림이라,
부자 복안의 집에 품을 팔러 다녔습니다.

"어머니, 여기 보세요. 주인어른이 다른 날보다
콩이랑 보리를 더 많이 주셨어요."
"어디 보자, 정말이구나!"

대성이는 어머니를 잘 모시기 위해
남보다 열배 백배 열심히 일했습니다.
아이지만 어른 못지않게 품삯을 두둑이 받았습니다.

가을이 되자, 농부들은 추수를 시작했습니다.
대성이가 일한 논에서는 다른 논보다 쌀이 많이 나왔습니다.
복안은 대성이를 매우 대견하게 여겼습니다.
"대성이가 농사를 아주 잘 지었구나. 상으로 밭을 세 이랑 주마."
대성이는 가슴이 벅차올랐습니다.
'드디어 내게도 땅이 생겼어! 어머니가 얼마나 좋아하실까?'

어느 날 한 스님이 복안의 집을 찾아왔습니다.
"며칠 뒤에 법회가 열립니다.
법회를 위해 시주*를 부탁드립니다."
복안은 베 오십 필을 선뜻 내놓았습니다.
"고맙습니다. 한 번 시주하면 부처님은 만 배를 돌려주십니다.
이번에 시주하셨으니 앞으로 복을 많이 누릴 것입니다.
그리고 다시 태어나서도 행복하게 오래 살 것입니다."
스님은 복안에게 복을 빌어 주었습니다.

* **시주** _ 아무런 조건 없이 절이나 승려에게 물건을 베푸는 일.

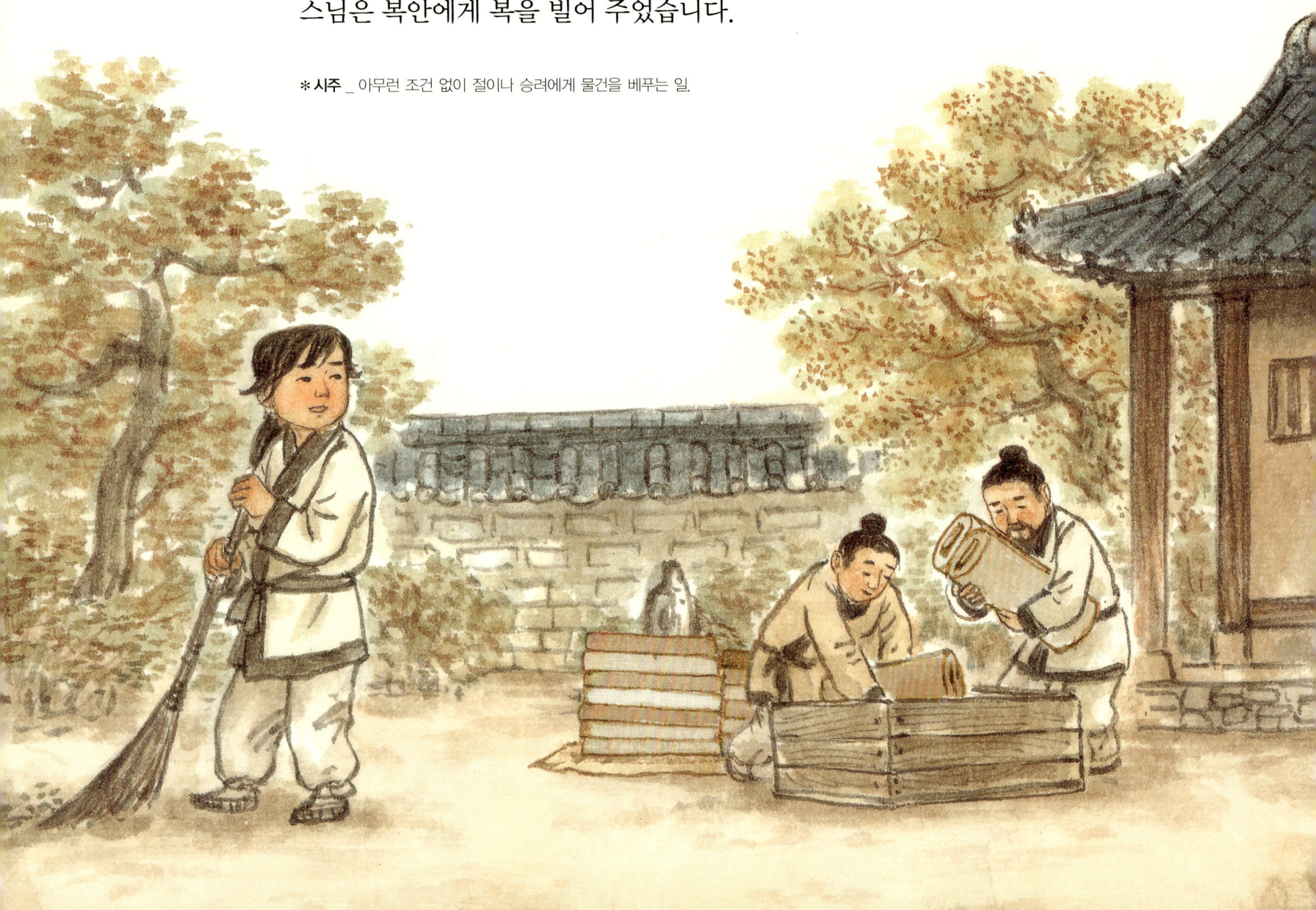

'지금 시주하면 다음에 태어나서 복을 받는다고?
나도 언젠가 죽으면 다시 태어나겠지?
다음에는 이렇게 고생하며 살고 싶지 않아.'
대성이는 급히 집으로 달려갔습니다.

"어머니, 우리 땅을 부처님께 시주하면 어떨까요?"
"애야, 우리가 가진 거라곤 그 땅뿐인데……."
"어머니, 우리가 지금 어렵게 사는 것은
지난 세상에서 시주를 하지 않아서 그런 건지도 몰라요.
이번에 시주를 하면 다음에 태어나서는 복을 받겠지요."
대성이는 어머니를 설득해서 절에 땅을 시주했습니다.

어느 날 대성이는 논에서 일을 하고 있었습니다.
그런데 갑자기 머리가 아파 오더니
온몸에서 힘이 쭉 빠져 그만 쓰러졌습니다.
대성이는 며칠을 앓더니 끝내 죽고 말았습니다.
그날 밤, 신라의 재상 김문량은 하늘에서 울리는 소리를 들었습니다.

"모량리의 대성이란 아이가
          이제 너의 집에 태어날 것이니라."

김문량은 도저히 믿을 수 없어 모량리에 사람을 보내 알아보았습니다.
놀랍게도 그날 대성이라는 아이가 죽었다는 것입니다.
그리고 며칠 뒤, 김문량의 아내가 아기를 가졌습니다.

"응애, 응애!"
열 달이 지나 아기가 태어났습니다.
그런데 이상하게도
아기는 왼손을 꼭 쥐고 펴지 않았습니다.

칠 일이 지나자, 아기는 스르르 주먹을 폈습니다.
아기의 손에는 '대성'이라는 두 글자가 새겨져 있는,
반짝이는 금 조각이 있었습니다.
"오호, 하늘이 예언한 대로구나!"
김문량은 아기의 이름을 대성이라 지었습니다.

김문량은 모량리에 사는 대성이 어머니에게 알렸습니다.
"얼마 전에 죽은 대성이가 나의 아들로 다시 태어났습니다.
우리 집에 오셔서 함께 키우시지요."
모량리의 어머니는 깜짝 놀랐습니다.
'대성이가 말했던 대로다! 시주한 덕분에
부유하고 지체 높은 집에서 태어났구나!'

대성이는 두 어머니의 사랑을 듬뿍 받으며 자랐습니다.

그로부터 이십여 년이 흘렀습니다.
늠름한 청년으로 자란 대성이는
학문과 무예가 뛰어나고, 사냥을 좋아했습니다.

어느 날, 대성이는 토함산에 사냥을 갔다가
커다란 곰 한 마리를 발견했습니다.
'좀처럼 보기 어려운 곰이군.'
대성이는 곰을 향해 화살을 쏘았습니다.
곰은 여러 대의 화살을 맞고 이내 쓰러졌습니다.
"하하! 그동안 잡은 사냥감 가운데 최고로다!"
대성이는 매우 기뻐했습니다.

그날 밤, 대성이의 꿈속에 곰이 나타났습니다.
"너무 억울해서 그냥 저승으로 갈 수가 없다!
널 잡아먹으려고 왔다!"
"하, 한 번만 용서해 주세요."
대성이는 너무나 무서워 등골이 서늘해졌습니다.
"날 위해 절을 세워라. 그러면 용서해 주겠다."
곰이 말했습니다.

꿈에서 깨어나 보니, 이불이 땀에 흠뻑 젖어 있었습니다.
'살아 있는 동물을 함부로 죽이는 것은 나쁜 일이구나.'
대성이는 깊이 뉘우치고 다시는 사냥을 하지 않았습니다.
그리고 곰이 죽은 자리에 장수사라는 절을 세워
곰의 넋을 위로했습니다.
이때부터 김대성은 부처님의 말씀을 따르며 살았습니다.

세월이 한참 흘러 김대성은 이승*의 부모님을
기쁘게 해 드리려고 불국사를 지었습니다.
신라에서 가장 아름답고 큰 불상을 모시고,
절 마당에는 우아하고 힘찬 석탑들을 지어 올렸습니다.
무지개를 닮은 돌다리를 놓고,
절 곳곳마다 전에는 볼 수 없었던 고운 조각을 새겼습니다.

*이승 _ 지금 살고 있는 세상.

김대성은 모량리의 부모님을 위해서는
석불사를 세우기로 했습니다.
"쿵쿵 쾅쾅!"
석불사는 돌로 짓는 절이라 망치 소리가 요란했습니다.
돌을 가지고 절을 짓자니 어려움이 한두 가지가 아니었습니다.

김대성이 커다란 돌을 다듬어
천장 덮개를 만들고 있을 때였습니다.
거의 다 만들어졌을 무렵,
갑자기 돌이 세 조각으로 갈라졌습니다.
"어이쿠, 큰일 났네. 이 일을 어찌할꼬?"
김대성은 걱정이 깊어 잠을 이룰 수 없었습니다.
그러던 어느 날 설핏 잠이 들었습니다.

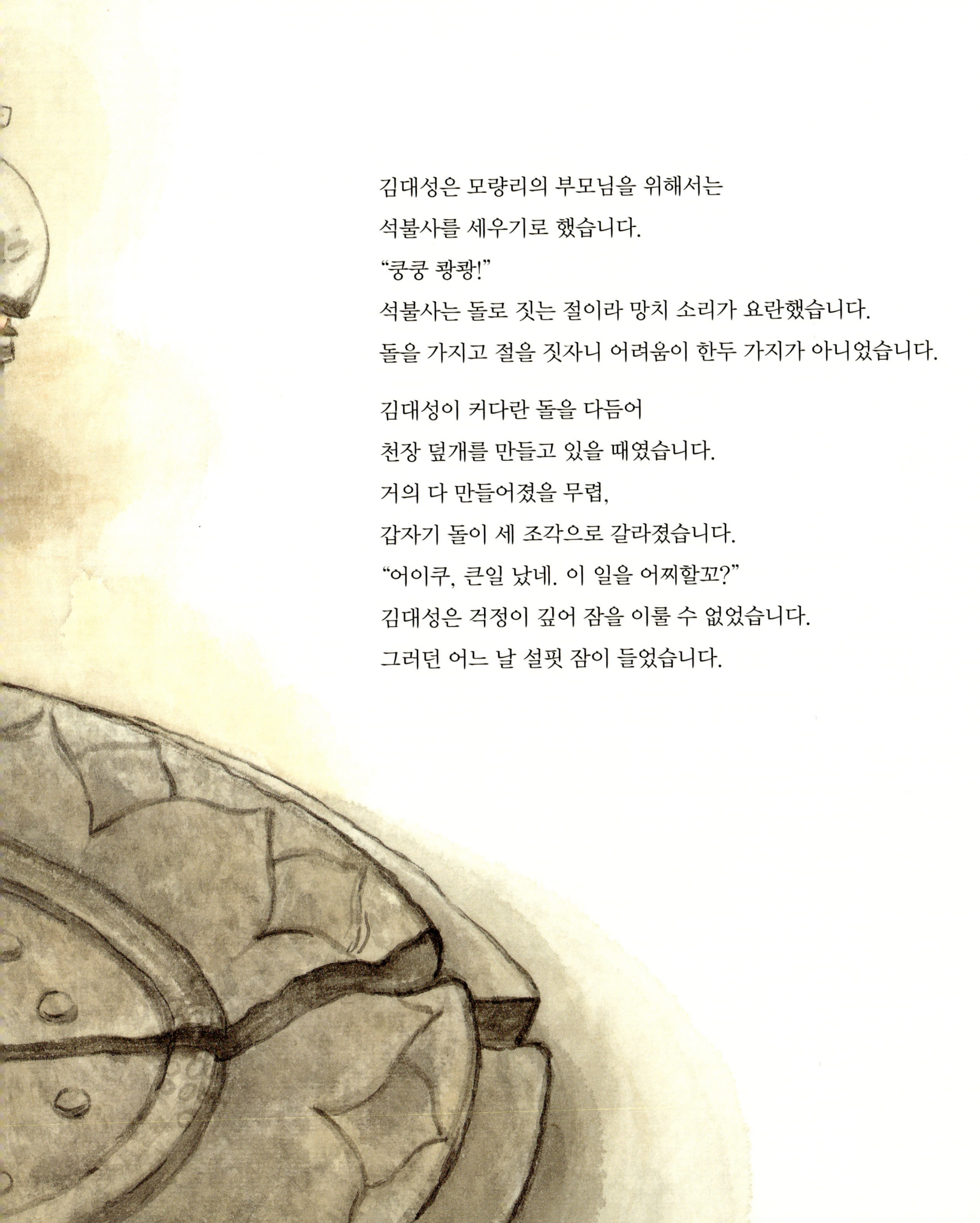

꿈속에 놀라운 광경이 펼쳐졌습니다.
하늘에서 한 줄기 빛이 비추더니,
그 빛을 타고 천신이 내려왔습니다.
천신은 세 조각이 난 천장 덮개를 감쪽같이 붙여 놓고
다시 하늘로 돌아갔습니다.

"아니?"
잠에서 깨어난 김대성은 깜짝 놀랐습니다.
과연 꿈속에서 본 것처럼 조각들이
말끔하게 붙어 있었습니다.
김대성은 곧바로 남쪽 고개로 달려가
향불을 피우고 천신에게 공양을 올렸습니다.

김대성은 나라 안에서 가장 훌륭한
신림 스님과 표훈 스님을
불국사와 석불사에 각각 모셨습니다.
아름다운 절에는 늘 스님들의
맑고 깊은 예불 소리가 울려 퍼졌습니다.
김대성의 효심도 널리 알려졌습니다.

부모님을 위해 지은 불국사

전생에 부처님에게 시주를 하여 재상집에 태어난 김대성은 다시 태어난 생의 부모님, 즉 재상 김문량 부부를 위해 불국사를 지었어. 이름 그대로 '불국', 다시 말해 '부처님의 나라'를 표현한 절이란다. 《삼국유사》에는 김대성이 절을 완성했다고 기록되어 있어. 하지만 불국사에 전하는 기록은 이와는 조금 다르단다. 이 기록에는 김대성이 불국사를 세우다가 완성을 못하고 죽어 나라에서 마저 완성했다고 해.

불국사의 이모저모를 잠깐 알아볼까? 불국사에 가면 정면에 돌을 높게 쌓아 둔 석단을 만나는데, 이 석단 아래가 우리가 살고 있는 세상이고 석단의 위는 부처님의 나라란다. 신라 사람들은 이 세상에 살 때는 석가모니 부처님에게 소원을 빌며 살고, 죽어서는 극락세계에 다시 태어나는 것이 가장 큰 희망이었다고 해. 그래서 불국사의 한가운데에 대웅전을 지어 석가모니 부처님을 모셨고, 서쪽에는 극락전을 지어 극락세계에 가면 맞아 주는 아미타불을 모셨단다. 청운교·백운교를 올라가면 석가모니 부처님이 머무는 석가 세계야. 석가모니 부처님을 모신 대웅전 뜰 앞에 서면 석가탑·다보탑과 마주하게 되지. 석가탑은 석가모니 부처님을 상징하는 탑이야. 그 옆의 다보탑은 석가모니 부처님이 사람들에게 불교의 교리를 쉽게 설명할 때 땅에서 솟아 나와 그것이 참이라는 것을 증명해 준 다보 부처님을 표현한 탑이지.

아미타불이 머무는 극락세계로 가려면 연화교·칠보교를 지나야 해. 그리고 대웅전 뒤편에는 비로자나불을 모신 비로전이 있어. 비로자나불은 석가모니 부처님과 아미타불이 세상에 나오게 된 근본 바탕이 되는 부처님이야. 비로자나불을 모신 것은 그렇게 하면 부처님의 나라가 완성된다고 생각했기 때문이야.

> 신라 사람들은 신라야말로 부처님의 나라라고 생각했단다. 그 염원을 담아 불국사를 지었지.

불국사의 건물들이 어떻게 배치되었는지 한눈에 알 수 있는 그림이야.

불국사
신라 사람들이 생각한 부처님의 나라를 그대로 옮겨 놓은, 신라 시대 최고의 절이다.

석가탑 석가모니 부처님을 상징하는 탑

다보탑 다보 부처님을 표현한 탑

역사의 향기 3 또 다른 부모님을 위해 지은 석굴암

김대성은 다시 태어난 생의 부모님뿐만 아니라 전생의 부모님을 위해서도 절을 지어 은혜에 보답하였다고 해. 이렇게 두 생의 부모님에게 효도를 할 정도로 김대성의 효심은 깊었단다. **김대성이 전생의 부모님을 위해 지었다는 석불사는 석굴암으로 잘 알려진 절이야.** 석불사는 경주 토함산 정상에 있는데, 맑은 날에는 동해가 한눈에 들어온단다.

불교가 처음 시작된 인도에서는 승려들이 동굴이나 석굴에서 수도를 하고 불상이나 탑을 모시고 예불을 올리기도 했어. 불교가 중국으로 전래되는 과정에서도 석굴 사원이 널리 전파되어, 중국에는 둔황이나 윈강 같은 유명한 석굴 사원이 많지. 하지만 우리나라에서는 석굴 사원이 유행하지 않았는데, 석불사는 특이하게 인도의 석굴 사원 전통을 따랐어.

석불사는 전실과 주실로 이루어져 있어. 전실은 서서 예배를 보는 곳으로 석불사의 입구란다.
이곳에는 주실에 있는 부처와 보살을 보호하는 팔부중이라는 여덟 명의 신과 두 명의 금강역사, 그리고 네 명의 사천왕이 조각되어 있지.
주실은 바닥과 천장이 모두 둥근 원형으로 이루어져 있는데, 중앙에는 석불사의 중심인 석가모니 부처님이 있고, 뒤에는 십일면관음보살상이 있어.

> 난 본존불이란다. 절에 모시는 주요한 부처라는 뜻이야.

> 책에서 많이 봤어요. 아주 인기 있는 부처님이에요.

그리고 그 주변에는 문수보살과 보현보살, 열 명의 제자 등 부처님의 말씀을 듣기 위해 모여든 여러 보살과 제자들이 조각되어 있단다. 주실은 석불사에서 가장 중요한 공간으로 부처님의 세계란다. 불국사와 석불사는 8세기 경덕왕 무렵 김대성의 주도로 신라 전성기에 만들어졌어. 탄탄한 국력을 바탕으로 국가와 사회가 안정되었기 때문에 막대한 비용과 노동력이 동원되는 대규모 공사가 가능했지. 신라 사람들이 온 힘을 기울여 지은 불국사와 석불사는 신라 문화의 최고봉으로, 오늘날까지도 우리나라의 역사와 문화를 대표하는 소중한 문화유산으로 남아 있단다. 나아가 1995년에는 유네스코 세계 문화유산으로 등록되어 전 세계인이 찾는 명소가 되었지.

석굴암의 천장 덮개돌
자그마치 무게가 20톤이나 되는 덮개돌이 떨어지지 않고 천장을 덮고 있다. 이 이야기에서 세 조각으로 깨어진 돌을 천신이 이어 붙여 준다. 지금도 천장 덮개돌은 세 조각으로 금이 가 있다. 그 아래 석가모니 부처님이 모셔져 있다.

석굴암의 십일면관음보살상
머리 위에 조각된 얼굴까지 포함하여 모두 11개의 얼굴을 가진 관음보살상이다. 어머니처럼 따뜻한 부처의 자비를 표현하기 위해 아름다운 여인의 모습으로 조각되었다.

▶ 정답은 다음 장에 있습니다.

■■ 부록

인트로   그림 | 여기
역사의 열쇠 1, 2, 3 글 강호선 | 그림 이승민
역사 놀이터   글 김성은 | 그림 이승민

■■ 사진 출처 및 제공처

역사의 열쇠 1 윤회도_타임스페이스 | 달라이 라마_연합뉴스
역사의 열쇠 2 불국사_타임스페이스 | 석가탑, 다보탑_시몽포토
역사의 열쇠 3 천장 덮개돌, 십일면관음보살상_시몽포토

※ 이 책에 사용한 모든 자료의 출처를 밝히기 위해 최선을 다했습니다. 빠지거나 잘못된 점을 알려 주시면 바로잡겠습니다.

■■ 일러두기

· 맞춤법, 띄어쓰기는 국립국어연구원에서 펴낸 〈표준국어대사전〉을 기준으로 삼았습니다.
· 외국 인명, 지명은 국립국어연구원에서 펴낸 〈외래어 표기 용례집〉을 따랐습니다. 단, 중국 지명은 현지음에 따랐습니다.
· 역사 용어는 교육인적자원부에서 펴낸 〈교과서 편수자료〉에 따르되, 어려운 용어는 쉽게 풀어 썼습니다.
· 옛 지명은 ( ) 안에 현재 지명을 함께 적었습니다.
· 연도나 월은 1895년 태양력 사용을 기점으로 이전은 음력으로, 이후는 양력으로 표기했습니다.

▶▶ 역사 놀이터 정답

《두 세상 부모에게 효도한 김대성》은 《삼국유사》 효선 편 〈대성효이세부모〉에 실려 있습니다.
'효(孝)'는 부모에 대한 효도를 말하며 '선(善)'은 불교에 대한 신앙을 의미합니다.
효선 편에는 지극한 효심으로 부모를 모신 효자, 효녀 이야기를 다루고 있습니다.